AF278612

LE 4 SEPTEMBRE

PARIS

IMPRIMERIE BALITOUT, QUESTROY ET Cᵉ,

7, rue Baillif, et rue de Valois, 18.

LE

4 SEPTEMBRE

PAR

GEORGES SEIGNEUR

PARIS

AMYOT, LIBRAIRE-ÉDITEUR

8, RUE DE LA PAIX, 8

—

1871

PRÉFACE

« Si l'Etat doit, autant qu'il se peut, délivrer le moindre des citoyens qui a perdu sa liberté pour la cause publique, à plus forte raison est-il tenu de cette obligation envers son souverain, envers ce conducteur dont les soins, les veilles et les travaux sont consacrés au bonheur et au salut commun. Le prince fait prisonnier de guerre n'est tombé dans un état, qui est le comble de la misère pour un homme d'une condition si relevée, qu'en combattant pour son peuple; ce même peuple hésitera-t-il à le délivrer au prix des plus grands sacrifices? Rien, si ce n'est le salut même de l'État, ne doit être ménagé dans une si triste occasion. Mais le salut du peuple est, en toute rencontre, la loi suprême; et dans cette dure extrémité, un prince généreux imitera l'exemple de Régulus. Ce héros citoyen, renvoyé à Rome sur sa parole, dissuada les Romains de le délivrer par un traité honteux, quoiqu'il n'ignorât pas les supplices que lui réservait la cruauté des Carthaginois (1). »

Paroles du vieux temps! Vattel, quand il exprime ces nobles maximes, se souvient de l'Europe chevaleresque. Nos pratiques sont bien différentes. Apprenez, candide Vattel, comment les choses, dans le pays de France, se passent aujourd'hui.

(1) *Le Droit des gens,* par Vattel, liv. IV, chr. II, t. II. p. 309.

La captivité du souverain est une occasion propice que la Révolution s'empresse de saisir. On ne le rachète plus, on le détrône.

Oui, sa prison, qui devrait lui faire un surcroît d'inviolabilité, apaiser la haine des partis et réunir toutes les âmes dans l'imposant concert de la vie nationale, est au contraire le signal qu'attendirent les factieux, merveilleusement secondés par les lâches et les timides, renégats habituels des malheureux et des vaincus. C'est le moment de prononcer sa déchéance!

M. Jules Favre la propose en termes précis. M. Thiers, plus perfide, la conseille à son tour, mais dans une langue plus discrète. L'émeute survient et disperse l'Assemblée, pour la punir de sa trop lente obéissance.

L'attentat du 4 septembre ne nous a pas rendu la victoire. Quoique républicaine, la France a été vaincue, ce qui semble insinuer qu'il ne suffit pas de renverser le trône pour sauver la patrie.

L'un des hommes du 4 septembre disait cependant, il y a quelques années :

« Ce qui importe, ce n'est pas le nombre des soldats, c'est la cause qu'ils ont à défendre. Si les Autrichiens ont été battus à Sadowa, c'est qu'ils ne tenaient pas à vaincre pour la maison de Habsbourg, contre la patrie allemande. Oui, messieurs, il n'y a qu'une cause qui rende une armée invincible : c'est la liberté ! (1) »

M. Jules Simon justifiait en ces termes son opposition systématique au projet de loi par lequel la prévoyance impériale remédiait à l'infériorité numérique des armées de la France.

Le 4 septembre nous a donné ce que les rhéteurs de la

____

(1) *Moniteur*. (Session 1867.)

Gauche entendaient sous le nom de liberté : il nous a donné
la révolution, et cependant nous ne sommes pas devenus
invincibles. Tout au contraire, le 4 septembre, cette audacieuse confiscation de la souveraineté nationale, a décon-
certé, stupéfait, indigné la France, et achevé de compro-
mettre les destinées de la patrie.

Je n'accuse nullement les hommes du 4 septembre d'avoir
reçu l'or de la Prusse, d'autant plus que leur profonde inintelligence politique suffit à m'expliquer leur crime. Mais il
m'est permis de reconnaître et de constater qu'ils ont bien
su gérer les affaires de nos vainqueurs. Que Berlin les re-
mercie! Ce sont eux qui ont frappé d'une impuissance irré-
médiable les efforts de délivrance auxquels eux-mêmes
demandèrent leur absolution. Leur vice d'origine les accom-
pagna constamment, leur interdisant de nous sauver, les
condamnant à nous perdre. Savourons cette expérience
amère, et apprenons à connaître le génie des révolutions.

L'opuscule que je réimprime avec un *Post-Scriptum*
parut une première fois dans le *Croisé* entre les deux
siéges de Paris. Le *Peuple français,* — ce journal si dangereux que M. Thiers lui refuse l'autorisation complaisam-
ment accordée à la presse révolutionnaire et impie, — le
Peuple français, qui maintenait si fièrement, avec une
constance universellement honorée, la bannière nationale
de l'impérialisme, indiqua ce petit écrit comme un signe
du réveil de la conscience et de la raison publiques. Au
moment où la plus basse et la plus inepte des persécu-
tions atteint des hommes coupables de servir des principes, je les veux remercier du sympathique encourage-
ment qu'ils me donnèrent alors, comme je les félicite
cordialement de l'inquiétude fébrile qu'ils font ressentir
au gouvernement passager de M. Thiers.

Ma voix n'est point celle d'un homme de parti. Je n'ai d'engagement qu'envers l'Église et envers la France. J'avouerai cependant que je suis devenu impérialiste à l'heure où tant d'autres reniaient ce que jusqu'à ce jour on avait pu prendre pour leurs convictions. Je suis devenu impérialiste à la dernière heure, écœuré du spectacle des reniements et des apostasies que je voyais s'accumuler. Je suis devenu impérialiste à l'heure des défections, et dans le dessein de réparer tant d'outrages.

Ce fut le 3 septembre de l'an dernier, à onze heures du soir, dans la salle des conférences de la presse, en apprenant le désastre de Sedan et la captivité de l'Empereur, annoncés aux journalistes par le ministre de l'intérieur, M. Henri Chevreau, que pour la première fois je criai : *Vive l'Empereur!* Je n'ai rien vu et je ne vois rien encore qui me conseille de me rétracter. J'ajouterai que ce témoignage ne fut pas seulement l'expression spontanée des émotions et des indignations du cœur, offensé par le spectacle déjà commencé de la révolution la moins généreuse qui fut jamais, et que je cédai en même temps à la confiance profonde, réfléchie, dans les destinées d'une institution et d'une race qui savent, comme tout ce qui est fort, résister à l'épreuve et se retremper dans l'infortune.

Paris, 6 juillet 1871.

LE

4 SEPTEMBRE

———————

I

Insensés qui avez eu le triste courage d'insulter votre empereur captif, et de réclamer sa déchéance pour le punir d'avoir été malheureux, commencez-vous à comprendre le crime que vous avez commis ?

A la nouvelle du désastre, tous les esprits et tous les cœurs auraient dû ne former qu'un même esprit et un même cœur (1). L'unité nationale menacée devait absorber en face de l'ennemi tous ces dissentiments politiques savamment exploités. Quel homme d'État eût balancé ? Se figure-t-on l'émotion inquiète de la Prusse, si elle eût appris que sa victoire matérielle, convertie en défaite morale, venait de raffermir soudain l'unité politique de la France ? La gravité allemande s'arrête, se recueille : Voilà, dit-elle, un peuple !

Mais, au lieu d'obéir à l'instinct vital de l'unité, nous avons écouté l'esprit de mort et de division.

---

(1) « La conquête de nos libertés vaut bien deux provinces » imprimait l'*Electeur libre*, organe de M. Ernest Picard, très-peu de jours avant le 4 septembre. Voilà comment la Gauche entendait le patriotisme. (Note de la 2e édition).

L'occasion est bonne pour abattre l'Empire. La besogne est commencée : terminons bien vite l'ouvrage de la Prusse. Elle s'est donné la plus grande peine : lui refuserions-nous notre petite collaboration ? Nous achèverons le vaincu de la Prusse.

Hommes de parti, je vous reconnais bien à ce trait digne de vous. Je reconnais votre générosité. Je reconnais aussi votre intelligence.

Les partis ont une raison d'être dans l'État. Si l'unité supérieure les accorde, leurs dissentiments légitimes peuvent et doivent se produire, dans la liberté régulière du dialogue. Chacun d'eux exprime une face de l'idéal politique ; possédant tour à tour ces deux formes de la puissance, l'opposition et le pouvoir, ils concourent au bien public. Entendu de cette manière, le parti n'est point une faction. L'unité nationale n'est point lésée. Mais que nous sommes loin, dans la pauvre France, de cette majestueuse harmonie ! Renverser, détruire : voilà le but, voilà le désir *négatif* des partis.

Voilà du moins quel était le dessein de la faction qui s'est illustrée le 4 septembre.

II

Renverser l'Empire, exploiter contre lui le deuil national, ce fut la politique des hommes qui formaient, il y a quelques mois, la gauche du Corps législatif. Cette infime minorité, servie par l'émeute, supprima provisoirement, au mépris de la nation, le régime que le peuple interrogé venait d'acclamer à nouveau. Mais en vérité, qu'est-ce que la France ? Le *césarisme parisien,* contenu pendant vingt années par l'énergique pression de la souveraineté nationale, aspirait à la revanche.

Oui, le césarisme parisien ! J'appelle ainsi cette prétention absurde et tyrannique d'opprimer la France, — la province, comme on parle dédaigneusement, — au nom d'une capitale enorgueillie. Les flatteurs de Paris lui ont tant répété qu'il vaut à lui seul toute

la France, qu'il est la fleur, l'élite, la quintessence ! Paris, charmé,
a cru volontiers ce ridicule mensonge, qui ruinait la patrie. Car la
patrie, c'est l'unité morale, un monde, un globe, un tout : le dua-
lisme, plus accentué chaque jour, de Paris et de la France, était
pour le guetteur prussien une victoire anticipée. L'ennemi connut
notre faiblesse, et que ses masses compactes, rassemblées par l'idée
commune de la patrie allemande renaissante, auraient à combattre
une nation divisée, s'éloignant de l'unité politique quand l'Alle-
magne y tendait. O Paris, prince de l'intelligence, comment donc
ignorais-tu le secret de la force : l'unité ? O ville incomparable,
ville-reine, ville-soleil, flambeau sacré des nations, je cherche en
vain parmi ceux qui avaient l'honneur, il y a quelques mois, de
représenter ta suprématie, je cherche en vain un homme politique.
De la tribune des journalistes, j'ai vu, jour par jour, le scandaleux
assaut de l'Empire par une minorité que ni la Chambre ni son
président, le diplomatique M. Schneider, n'avaient le courage de
rappeler à l'ordre, et je me suis attristé dans mon cœur de voir
mourir ma patrie. Lorsque l'un des rares députés de la province
que la gauche parisienne s'était annexés, M. Ordinaire, du Doubs,
eut l'audace, devant une Chambre muette et un président silen-
cieux, de mettre en accusation « M. Bonaparte, » il me sembla
voir et entendre au loin la joie sinistre de nos vainqueurs, témoins
oubliés de nos discordes. Les peuples ne périssent pas autrement.

III

Parmi les mandataires de la ville sans égale, se détachait un
homme qui a du moins les simulacres de l'esprit politique. Son
grand âge, sa longue expérience des affaires, son apparente net-
teté d'esprit, son incontestable talent de parole, lui assuraient dans
la Chambre une maîtrise non disputée. Nous en étions arrivés là :
M. Thiers parlait en oracle.

Désireux sincèrement, je le veux bien, de rendre justice au gouvernement impérial, mais entraîné constamment aux méconnais-

sances par une sorte de fatalité intellectuelle qui lui dérobait la grandeur et l'élévation d'une politique éminente, il était depuis dix ans, non pas le contrôleur et le critique, non pas le juge, mais l'ennemi de l'Empire.

Cet habile diseur avait eu l'art de se persuader à lui-même et de persuader à l'opinion que sa parole était la voix même du bon sens. A l'entendre, la politique impériale sacrifiait, perdait la France. La grandeur inquiétante de la Prusse était l'ouvrage de Napoléon III.

Lorsque l'impartiale histoire retracera les dernières années du second empire napoléonien, elle révisera ces jugements sommaires qui ont tant diminué notre force morale, en amenant une foule de Français à condamner du même coup le génie de la France et le souverain qui s'en inspirait. Stupéfaite, elle relira, pour les juger comme ils méritent, ces discours malveillants par lesquels une intelligence perturbatrice et dissolvante accusa sans relâche et sans discernement la politique généreuse d'un penseur couronné. Elle ne dira pas, avec M. Rouher, que l'Empire n'a jamais failli. Mais pas davantage elle ne voudra concéder à M. Thiers que la politique impériale, depuis 1860, n'ait été qu'une série d'erreurs. Elle s'étonnera de la fortune scandaleuse qu'obtint le mot célèbre : « Il n'y a plus une seule faute à commettre. » Mais ce n'est point mon dessein de poursuivre en ce moment un examen de philosophie et d'histoire que je me réserve de continuer un jour. Je rappellerai seulement, pour lui reprocher, hélas! de l'avoir oubliée bien vite, une belle et noble parole du personnage qui nous occupe. A l'honneur de M. Thiers, il convient de reconnaître que, peu avant la déclaration de guerre à la Prusse, il adjura ses amis de la gauche de ne point énerver, par d'intempestives réductions, la puissance militaire de la France, de peur, disait-il, *d'ajouter les fautes de l'opposition à celles du gouvernement.* — Ah! que ne s'est-il souvenu, le 4 septembre, de cette mémorable recommandation !

IV

Lorsque François I⁽ᵉʳ⁾ cut remettre son épée au vainqueur de
Pavie, nos ancêtres, loin ce condamner son malheur, conservèrent
plus pieusement que jamais l'antique loyauté, et la plus chevaleresque des nations sentit croître son affection fidèle pour son roi
prisonnier. Le progrès a changé nos cœurs ! Je sais bien que ce
rapprochement va étonner plus d'un lecteur, non désabusé encore
des interprétations déclamatoires que reçut d'abord, assez généra-
lement, la douloureuse affaire de Sedan. Mais je n'accuserai pas
M. Thiers d'avoir partagé cet entraînement irréfléchi : sa froide
raison doit avoir assez vite jugé ce grief comme le jugea, dès le
8 septembre, le *Journal officiel* lui-même, dont voici l'appré-
ciation :

« *A quatre heures, la résistance était devenue impossible.* Le feu
s'était ralenti vers six heures ; il ne s'éteignit complétement qu'à
huit heures. Des soldats groupés sur les remparts avaient continué
à tirer jusque là, ne pouvant se résoudre à obéir aux ordres trans-
mis. Les généraux Douay, Castelnau, Reille, Vaubert de Genlis,
étaient partis pour le quartier-général prussien, chargés par
l'Empereur de parlementer. *Le général de Wimpffen ne pouvait se
résoudre à signer une capitulation ; il espérait se faire jour à la tête
d'un petit corps de 8,000 hommes ; il le tenta vainement et revint
découragé.* »

Ce sont là des propos de sens commun. Quel honneur pour
M. Thiers si, voyant le désastre interprété malignement par des
meneurs et présenté au peuple surexcité comme une apostasie de
l'honneur militaire, au lieu de laisser subsister l'équivoque, il
fût monté à la tribune pour défendre tout au moins, dans l'intérêt
de la justice, que l'Assemblée cédât, sans attendre la lumière, aux
sommations d'une foule séduite, au lieu de s'exposer à punir un
sage ménagement de la vie humaine et de l'armée nationale ! Il

appartenait à l'historien de Napoléon Ier d'exercer alors ce haut ministère de prudente raison, et de résister à l'inique violence des partis, dont la haine satisfaite se flattait d'avoir vu ternie la légende napoléonienne, tandis que l'un d'eux, le parti franchement révolutionnaire, se promettait sans doute de raviver, mieux qu'il n'a su faire, la légende républicaine.

V

En admettant que l'Empereur eût accepté la guerre aussi témérairement qu'on a bien voulu le dire ; en admettant qu'il eût vraiment commis, dans la direction de la campagne, toutes les méprises qu'on lui imputait ; en admettant, enfin, que la capitulation de Sedan ait légitimement indigné la population parisienne, qui, sans doute, se croyait sûre d'éviter pareille infortune (1) ; en admettant, pour tout dire, que la responsabilité personnelle du Souverain fût engagée au point de rendre nécessaire un appel à la nation, la France avait seule le droit de prononcer.

Outre l'avantage intrinsèque de respecter le droit et d'observer les principes, la réserve expresse des prérogatives souveraines de la nation, et, pour parler sans équivoque, le maintien loyal de l'Empire jusqu'au jour du moins où deviendrait possible l'appel direct à la France, étaient spécialement commandés par les circonstances mêmes que nous traversions.

On devait prévoir que la proclamation de la République offenserait la province et l'inquiéterait du même coup. Je sais bien que M. Jules Favre, avec une naïveté colossale, s'étonna, devant M. de Bismark, d'avoir vu la Prusse continuer la guerre, la République proclamée. Passons à M. Jules Favre ces incomparables can-

___

(1) Je renvoie, pour l'examen de ces questions historiques, au livre de **M.** Fernand Giraudeau : *La Vérité sur la Campagne de* 1870 (Amyot, 2e édition). M. Giraudeau, qui a servi le gouvernement impérial, lui est demeuré fidèle. Ce n'est pas une raison pour récuser son témoignage, ou, pour mieux dire, celui des documents qu'il a réunis. — Voyez aussi la brochure intitulée : *Procès historique des Auteurs de la Guerre de* 1870, par Adam Lux. (Chez tous les libraires, 2e édit.)

deurs. M. Thiers, assurément, ne sera pas suspect de les avoir connues.

Pourquoi donc ce pénétrant esprit négligea-t-il le moment de renouveler le sage conseil que je rappelais tout à l'heure, et de dénoncer à l'Opposition la lourdeur de la faute qu'elle s'apprêtait à commettre ?

Ce n'était point l'idéal républicain qui troublait le sens peu chimérique de M. Thiers. Mais l'ancien ministre de Louis-Philippe n'eut pas le courage de domner, en cette circonstance, ses sympathies politiques personnelles, et, sans le calomnier, on peut dire hardiment que l'espérance de ramener aux Tuileries la famille du prince qu'il avait servi, le rendit très-indulgent pour la transition républicaine. Il serait difficile d'expliquer autrement la coalition de M. Thiers et de M. Jules Favre.

M. Thiers, trop prudent pour assumer certaines tâches compromettantes, ne disputa pas à M. Jules Favre le misérable honneur de proposer la déchéance. Il se tut dans la séance de nuit où le Corps-Législatif, — contrairement à toute légalité constitutionnelle, — consentit à discuter cette motion usurpatrice. Qu'attendait l'avisé vieillard pour se prononcer? Attendait-il l'émeute ?

Quoi qu'il en soit, ce fut seulement dans la journée même du 4 septembre, pendant que la garde nationale, encouragée par la connivence notoire de M. le général Trochu, marchait sur le Corps-Législatif, que l'habile homme se déclara soudain. — Deux propositions étaient en présence : la motion franchement révolutionnaire de M. Jules Favre, et le projet gouvernemental dont le ministre de la guerre, M. le Palikao, venait de donner lecture. Dans ces moments, pour achever de tout perdre, les esprits, je ne dirai point de la trempe, mais du genre de M. Thiers, sont merveilleux. Avec quelle industrie leur petite sagesse sait découvrir quelque moyen-terme, qui achève la dissolution ! Le mot de déchéance vous déplaît? supprimons le mot. Agissons comme M. Jules Favre, mais ne parlons pas comme lui. Soyons révolutionnaires, moins la franchise du langage !

VI

M. Thiers se leva donc, et je l'entends encore prononcer ces paroles qu'il faut transcrire :

« . . . Mes *préférences personnelles* étaient pour le projet présenté par mes honorables collègues de la gauche, parce que, à mon avis, il posait nettement la question dans un moment où le pays a besoin d'une très-grande *clarté* dans la situation...

» *A gauche.* C'est vrai ! — Très-bien ! très-bien !

» *M. Thiers.* Mais comme je mets au-dessus de mes opinions personnelles le grand intérêt de *l'union* qui, au milieu du grand péril où nous sommes placés, peut seul améliorer notre situation... (Très-bien ! très-bien !) peut seul nous donner, *devant l'ennemi qui s'approche,* l'attitude qu'il convient d'avoir devant lui... (Très-bien ! très-bien !) j'ai fait abstraction de mes préférences, et quoique je n'aie jamais fait de propositions, j'ai présenté une rédaction à plusieurs membres *pris dans toutes les nuances de cette Chambre,* — la lecture des noms vous le prouvera. La rédaction que j'ai préparée... la voici :

» Vu les circonstances, la Chambre nomme une commission de *gouvernement* et de défense nationale.

» *Une Constituante* sera convoquée dès que les circonstances le permettront. »

Combien ce langage artificieux, perfide, était plus dangereux que celui de M. Favre ! Oui, nous l'accordons pleinement à M. Thiers, le pays avait besoin de clarté. C'est pourquoi nous déplorons que le rusé meneur se soit empressé, selon sa coutume, d'obscurcir et d'embrouiller, de telle sorte qu'une motion, équivalente à celle de la Gauche, mais rédigée plus savamment, rallia ces neutres, ces flottants, ces ambigus, appoint habituel et nécessaire des révolutions.

Et c'est au nom de la paix civile, c'est au nom de l'*union,* que l'on ose proposer à fa Chambre cet attentat contre la vie nationale ! En vérité, la parole humaine semble quelquefois se moquer de l'auditoire et bafouer l'irréflexion !

On sait le reste. Sur les instances de M. Gambetta, l'Assemblée décide que les trois motions seront discutées en bloc. On se retire dans les bureaux. Cependant l'émeute approchait toujours. La garde nationale envahissait successivement tous les abords de l'enceinte parlementaire.

C'est alors qu'un avocat à là Cour impériale, affligé de voir un si grand nombre de ses confrères complices du désordre, essaya de réparer de son mieux les méfaits politiques, passés et présents, commis par les membres de sa corporation. Après avoir hautement et à plusieurs reprises exprimé sa tristesse indignée, il aida les gardiens à fermer les grilles, au moment même où la garde nationale les atteignait. « De quoi vous mêlez-vous ? » lui crièrent quelques individus dont les signaux n'avaient cessé de provoquer et d'attirer les envahisseurs. Il répondit : « Je tiens le serment du général Trochu. »

Et s'adressant aux gardes nationaux : « Quand la Prusse apprendra ce qui se passe, elle s'en réjouira comme d'une victoire. Ce que vous faites-là est abominable, et la France le paiera bien cher. Vous criez : *La déchéance !* Ce serait le moment, ou jamais, de crier : *Vive l'Empereur !* Un empereur captif est sacré. »

Quelques gardes nationaux se montrèrent sensibles à ces paroles, se disculpèrent en alléguant les ordres (car, dans ces jours-là, l'émeute seule a le privilége d'être commandée), et se retirèrent.

Un petit nombre continua les vociférations. La masse paraissait perplexe, indifférente, et stationnait machinalement. Mais bientôt, par l'intervention officieuse d'un député, qu'un électeur irrité avait du dehors vivement interpellé, et désireux, paraît-il, de se purger du reproche d'avoir trempé dans le plébiscite, la grille s'ouvrit. L'avocat à la Cour impériale susdit, qui avait eu

2

la douleur de reconnaître encore l'un de ses confrères dans le député complaisant, courut avertir le questeur du palais, général Lebreton, lequel déplora l'inaction forcée où le réduisaient les circonstances.

VII

Quelques minutes après, la salle des séances du Corps législatif était *envahie*. Mais je dis mal : je ne parle pas la langue euphémique du *Journal officiel de la République française.*

Apprenons les tours du beau langage :

« Français,

» Le peuple a *devancé* la Chambre, qui hésitait. Pour sauver la patrie en danger, il a demandé la République... »

Quelle leçon, quel châtiment mérité pour ce Corps-Législatif qui, s'aplatissant devant l'émeute, avait consenti criminellement à discuter les motions révolutionnaires de MM. Jules Favre et Thiers ! Le peuple, ou, pour mieux dire, — car il me répugne d'entendre profaner un nom auguste, — l'émeute n'est pas satisfaite. Vous ne marchez pas comme elle l'entend ! Vos délibérations fatiguent l'impatience. Allons, marchez ! et marchez vite !

Vous pensiez peut-être, Messieurs, dans le trouble public, usurper au détriment de la légitime régence ; mais souffrez que je vous le dise, sans la monarchie que vous trahissez, noble récompense de ses largesses libérales, sans la monarchie, vous êtes si peu de chose que vous n'achèverez pas même vos délibérations illégitimes, et que, rappelés de la sorte à la lettre comme à l'esprit de votre mandat, vous partagerez, bon gré mal gré, la mauvaise fortune de l'Empire.

VIII

Nous voici donc en République. La Patrie est sauvée! Signée du général Trochu et de ses collègues, la dissolution du Corps-Législatif et l'abolition du Sénat achèvent la grande, la mémorable, la glorieuse révolution qui nous certifie la victoire.

« Le pouvoir personnel n'est plus. »

Voilà le grand mot! Déjà, dans l'une de ces proclamations qui annonçaient si bien l'homme du 4 septembre, M. Trochu, dissertant, nous avait enseigné que le pouvoir ne doit pas être personnel, c'est-à-dire égoïste, vérité élémentaire que le gouverneur de Paris crut devoir placarder doctoralement sur nos murs, au lieu de s'instruire plus à fond du langage politique, de peur de confondre les acceptions les moins semblables. Les principes demandent à vivre, à s'incarner dans la personne humaine. Le principe d'autorité subit la loi commune. Sous peine de s'évanouir dans l'impuissance du vague, la fonction souveraine cherche un homme, une personne qui l'accepte, disons mieux, qui la subisse. Le pouvoir est personnel comme toutes les fonctions, comme tous les devoirs, comme tous les sacrifices, comme le martyre.

Le sentiment de la responsabilité *personnelle*, l'ennui de fréquenter de si près les hommes, la lutte contre d'indignes obstacles, la vue immédiate du bien public entravé, enfin, pour habituelle récompense, l'injustice et l'ingratitude, ce ne sont point là des voluptés. Si le pouvoir impersonnel et anonyme est si dangereux, c'est qu'il manque de ces correctifs.

Dans les dernières années de l'Empire, on ne parlait que d'abolir le pouvoir personnel. Ces clameurs insensées et alarmantes n'empêchèrent point l'Empire de tenter loyalement et courageusement l'exécution de sa promesse, en essayant de concilier l'ordre et la liberté politiques : tâche singulièrement difficile en France, où l'amour de l'ordre et celui de la liberté ne s'allient que dans un petit nombre de têtes. L'arrivée aux affaires d'un esprit à la fois conservateur et libéral, M. Émile Ollivier, loin de désarmer l'opposition, ne parvint qu'à redoubler ses colères, souvent coalisées avec celles de l'extrême droite. A tout moment, le chef du cabinet du 2 janvier s'entendait accuser de servir le pouvoir personnel. M. Jules Favre, spécialement, aimait à lui lancer cet invariable sarcasme. Avouons que l'accusation était méritée, puisque les discoureurs qui la prodiguaient l'entendirent dans un sens trop manifestement élucidé par l'attentat du 4 septembre.

« Le pouvoir personnel n'est plus. » Traduisez : l'Empire est renversé.

Qu'on nous pardonne, en ces jours de deuil, ces retours nécessaires sur un passé que tout citoyen français a le devoir de juger! Je ne m'éloigne pas des douleurs immenses de la patrie vaincue : mais, tranquillement attentif aux lois morales qui régissent le monde politique, je recherche, pour les combattre, ce que j'appellerai sans détour nos pires ennemis, savoir : nos erreurs.

La suite n'est pas moins remarquable :

« La nation tout entière reprend ses droits et ses armes. Elle se lève prête à mourir pour la défense du sol. Vous lui avez rendu son âme, que le *despotisme* étouffait... »

Pauvre France! quand donc, avertie par tant de malheurs, voudras-tu rendre impossible le renouvellement périodique de ces mensonges révolutionnaires! L'une des coutumes de la Révolution, c'est la négation effrontée de l'évidence. L'audacieuse calomniatrice se plaît à traiter de tyrans les souverains les plus amis de la liberté politique. Louis XVI et Napoléon III despotes!

IX

En même temps que M. le général Trochu tient ce langage ser-
vile à la garde nationale, il adresse à l'armée une proclamation
qui débute ainsi :

« Quand un général a compromis son commandement, on le lui
enlève.

» Quand un gouvernement a mis en péril, par ses fautes, le salut de la patrie, on le destitue (1).

» C'est ce que LA FRANCE vient de faire.

» En abolissant la dynastie, qui est *responsable de nos malheurs*,
ELLE a accompli d'abord, a la face du monde, un grand acte de
justice.

» ELLE a exécuté l'arrêt que *toutes nos consciences* avaient rendu.

» ELLE a fait en même temps un grand acte de salut... »

Quoi ! la France a fait tout cela ! Que Paris est modeste ! comme
il s'efface !

Mais ne connaissons-nous pas le style révolutionnaire ? La capitale absorbe *la nation*. Tant que ce désordre sera souffert, déses-
pérons de la Patrie !

Tout cela était suivi d'un décret ainsi formulé :

(1) Le général qui n'a pas rougi de tenir ce langage, publiait, il y a peu d'années, un livre intitulé *l'Armée Française en* 1867, dont voici la conclusion : « Je
dirai à tous ceux qui liront ce livre : j'ai parlé des choses de la guerre et de l'armée librement, respectueusement. Ma pensée, indépendante au point de vue des
principes que j'ai voulu défendre, a été toujours et de très-haut, dominée par un
profond sentiment du devoir commun : « Servir fidèlement l'Empereur et le pays.»
(Note de la 2ᵉ édition.)

« Les fonctionnaires de l'ordre civil, administratif et judiciaire,
» sont déliés de leur serment.

» Le serment politique est aboli. »

Ce n'est certainement pas en prévision de ce décret, dépourvu
d'action rétroactive, que M. le général Trochu se crut le droit de
patronner l'émeute au lieu de protéger l'Impératrice-Régente (1).
Les raisons qu'il ne manqua pas de se donner à lui-même pour
romper sa conscience, doivent être cherchées ailleurs : on les voit
'étaler, non sans complaisance, dans les proclamations qui précè-
dent. En cette crise épouvantable, le général Trochu s'apparut à
lui-même comme le sauveur providentiel, délié par l'urgence du
péril. Il se souvint de Louis-Napoléon, à qui la France, en 1852,
fit plus que pardonner d'avoir rompu la lettre de son serment pour
en garder l'esprit. C'était confondre des situations sans analogie,
et aussi se méprendre sur la valeur respective des deux hommes.

Le 4 septembre 1870, le pouvoir subsistait dans son intégrité.
La captivité de l'Empereur, simple fait de guerre, n'avait pas dé-
truit le jeu des institutions. L'Impératrice-Régente tenait de l'Empereur, mandataire du peuple, des pouvoirs réguliers. Le devoir
de tous était clairement marqué, et ceux qui le méconnurent
n'échapperont pas aux vindictes de l'histoire.

Le coup d'État de 1852 restitua le Principe d'autorité, que le
4 septembre outragea stupidement et criminellement.

C'est une si grande chose, et si rare, que d'être un homme ! La
France acclama dans Louis-Napoléon ce mérite singulier. Elle
reconnut un homme, et conféra le pouvoir personnel parce qu'elle
avait enfin rencontré un personnage. Que l'élu de Dieu et de la
France ait rempli la perfection, non certes. Soit adorée la Provi-
dence dans le châtiment qui le frappe en nous frappant nous-

(1) Dans cette lettre accablante qu'il adresse au président de la commission d'enquête sur le 4 septembre, M. de Palikao raconte en ces termes les assurances
personnelles de dévouement et de fidélité que donna le général Trochu, interpellé
par un membre du Conseil sur ces dispositions à l'égard de l'Empire : « Le général répondit en entrant dans une longue série de considérations morales, ne
répondant pas à la question posée, sur laquelle on insista de nouveau pour avoir
une réponse catégorique. Elle fut détaillée, péremptoire, et se termina par l'assurance positive de son dévoûment à l'impératrice-régente et au gouvernement de
l'Empereur. » (Note de la 2ᵉ édition).

mêmes (1) ! Mais il est trop facile de rejeter sur lui seul tout le fardeau, d'enfler sa part de défaillance et de responsabilité pour ignorer la nôtre, et nous serions fort injustes si nous allions méconnaître le bien opéré parce qu'il n'a pas été sans mélange ! Tels ne seront pas les jugements de l'histoire, qui comptera Napoléon III parmi ses grandes figures. Nous craindrions fort de nous tromper en espérant de voir paraître au même lieu M. le général Trochu.

X

Plus on regarde le 4 septembre, plus on demeure confondu de la profonde inintelligence politique et morale qu'il dénonce. C'est en vain que dans le passé nous lui chercherions des précédents. Alléguerait-on 1814 et 1815? Quelle différence! Fatiguée de la guerre, épuisée, avide de paix et de repos, la France, à ces heures suprêmes, éprouvait une lassitude avouée qui l'emporta sur toute autre considération, et Napoléon lui-même, en 1815, non moins jaloux de notre honneur que du sien propre, voulut, par une abdication consentie, épargner aux Chambres cette humiliation de prononcer une seconde fois la déchéance du vaincu. Ainsi fut voilée, d'un reflet dernier de la grandeur évanouie, l'immense et poignante tristesse de cette immolation. Qu'on relise, dans l'*Histoire du Consulat et de l'Empire*, ce tragique récit, et que, le livre fermé, on prenne le *Journal officiel* des 4 et 5 septembre 1870. Le cœur se soulèvera de dégoût. Dans les admirables pages que je viens de rappeler, M. Thiers, — et ce souci l'honore, — a senti le besoin d'excuser ce qu'il raconte. Comment s'y prendrait-il, comment l'histoire s'y prendra-t-elle jamais pour innocenter le 4 septembre? Soit que l'on voulût continuer la guerre, soit que l'on désirât con-

---

(1) Dans le *Croisé* du 10 janvier, je me suis expliqué à cet égard. Je le ferai d'ailleurs plus complètement bientôt, dans un travail que j'intitulerai : *les Catholiques et l'Empire*. Considérant l'Empire comme non abattu, comme toujours subsistant en droit, et comme assuré d'une restauration assez prochaine, je lui dirai sans détour et sans méuagement quelles réparations est en droit d'attendre la conscience des catholiques. (Note de la 2e édition).

clure la paix, la déchéance était absurde : comme toutes les bassesses, c'était une sottise. Compliquer d'une révolution l'état politique intérieur et extérieur de la France, se hâter, *en face de l'ennemi qui s'approche*, d'improviser l'anarchie comme le solide rempart, comme la forteresse imprenable du salut public, en vérité, cela peut encore se pardonner à M. Jules Favre ; — de la part d'un homme qui se croit expérimenté, de la part de M. Thiers, cela s'explique plus difficilement.

XI

Mais rien n'est plus court que le regard des partis, condamnés à l'erreur fatale par l'inimitié qui les trouble. Dans le moment même où pense triompher leur colère assouvie, ils ne font que préparer la réaction réparatrice. Un temps viendra, — et ce temps peut-être n'est pas éloigné, — où l'indignité invraisemblable qui, le 4 septembre, a momentanément renversé l'Empire, sera jugée comme elle le mérite. De cela nous professons hautement la plus entière certitude, quelle que puisse être d'ailleurs, quant à l'avenir, la décision souveraine de la France, remise en possession d'elle-même et de ses destinées.

Quelle sera cette décision? Nous croyons pouvoir le dire avec assurance, l'idéal républicain a fort peu de chance d'être préféré. Nous nous en réjouissons très-sincèrement pour ce magnifique idéal, que les républicains nous paraissent, hélas! avoir suffisamment déshonoré. La France, nous n'en doutons pas, voudra revenir à la monarchie.

Deux royautés sont en présence : l'antique maison de France, personnifiée avec tant d'honneur, de constance, d'irréprochable dignité, par Mgr le comte de Chambord, et la dynastie napoléonienne.

Nous le dirons sans détour : nous serions loin de trouver mauvais que la France rappelât de son exil, si noblement supporté, le digne petit-fils des rois très-chrétiens.

Nous observerons néanmoins que la légitimité historique et traditionnelle n'est pas un titre tellement absolu que de nouvelles familles royales ne puissent surgir légitimement à certaines heures mystérieuses de la vie des peuples. Nous avouons nous être demandé souvent et nous demander encore si la mission de Mgr le comte de Chambord sera de régner effectivement sur la France, ou si Dieu ne le destinera pas à clore, dans la beauté sans tache d'une abnégation plus que royale, l'auguste famille dont il semble aujourd'hui le dernier rejeton.

Nous estimons que le trône de France était, l'an dernier, légitimement occupé par l'empereur Napoléon III, que légitime était son espérance impériale et paternelle de transmettre sans secousse, sans trouble, la couronne à son fils. C'est assez dire que malgré l'accident du 4 septembre et le décret de M. le général Trochu, qui me délie de mon serment, je suis loin de rétracter ce cri de : *Vive l'Empereur!* par lequel, le 3 septembre, à onze heures du soir, au ministère de l'intérieur, j'accueillis la lecture, faite aux journalistes par M. le ministre, de la proclamation annonçant le désastre.

Je n'ai rien dit de MM. d'Orléans, de crainte de porter sur eux un jugement téméraire en leur supposant le dessein de poser une candidature isolée. En tout cas, cette candidature, devant la conscience politique et morale, serait nulle de plein droit.

En dehors et loin du chef de leur famille, MM. d'Orléans ne représenteraient qu'un expédient révolutionnaire, c'est-à-dire le néant. Ils sont princes du sang ou ne sont rien. De même que Son Altesse le prince Napoléon, s'il lui prenait fantaisie de réclamer la couronne impériale, ne réussirait, par cette prétention, qu'à se ravaler à l'état de simple particulier, pareillement un prince d'Orléans perd toute raison d'être s'il renie, avec le titre de Bourbon, les devoirs spéciaux, les devoirs politiques personnels que ce titre impose.

Devant la France, il n'y a point trois dynasties. Il n'y en a que deux.

C'est à elle seule, — directement interpellée, — qu'il appartient de choisir.

Un autre escamotage parlementaire ne serait qu'une insulte de plus à la souveraineté nationale.

Si l'Assemblée qui va se réunir à Bordeaux pour décider de la paix ou de la guerre, question douloureuse à laquelle son mandat est limité exactement, avait le malheur de vouloir dépasser le cercle précis de ses attributions, elle donnerait un nouvel exemple de la facilité désastreuse avec laquelle les assemblées se laissent entraîner à l'usurpation ; mais le droit subsisterait ; il attendrait patiemment l'heure inévitable où les principes, momentanément obscurcis, reparaissent et brillent dans leur salutaire évidence.

10 février 1871.

Depuis que ces lignes sont écrites, et que cette protestation contre l'attentat du 4 septembre a été publiée, les événements ont achevé de faire voir ce que devient un peuple livré à l'esprit de désordre. Le 18 mars, conséquence logique et facile à pressentir, a complété le 4 septembre, en même temps que, ministre inconscient des justices divines, il l'a châtié en ruinant par le feu cet Hôtel-de-Ville, tabernacle des révolutions.

Le 18 mars a été vaincu. Il est juste d'ajouter que le 4 septembre a été vaincu pareillement, du même coup et par la même épée. Le 4 septembre, le 31 octobre, le 18 mars, ne sont que diverses dates du même événement. Aussi, la répression du 18 mars coïncide-t-elle avec l'enquête sur le 4 septembre. M. le général Trochu comparaît devant la Chambre au moment même où le conseil de guerre s'apprête à juger son ancien collègue, M. Henri Rochefort.

Quant à M. Thiers, il a cru pouvoir se dire désintéressé dans le grave débat rétrospectif qui s'est engagé sur l'affaire de septembre. En effet, il a su ne tremper que discrètement, et en habile, dans le crime contre lequel, chaque jour, se soulève davantage la conscience de la France. Il n'a point figuré dans le Gouvernement de la défense nationale, ce qui lui permet aujourd'hui, par une équivoque, de rejeter dans l'ombre sa participation à l'intrigue révolutionnaire qui constitua ce gouvernement.

M. Thiers invoque le bénéfice de ses précautions. Il est douteux que l'histoire le lui accorde. L'histoire tient peu de compte des finesses.

N'oublions pas que M. le général Trochu, devant l'Assemblée nationale, a dû se disculper tout d'abord, avant tout, d'avoir trahi l'Empire. Nous sommes très-loin de prétendre qu'il se soit justifié, mais il a essayé de le faire. Il a dû commencer par là. En effet, la question du point de départ devait être posée avant toutes les autres, attendu qu'elle les domine toutes.

Il serait fort étrange, on nous l'accordera, que M. Jules Favre osât se dire personnellement désintéressé dans cette question. Chacun lui rappellerait la proposition séditieuse de déchéance qu'il osa formuler dans la nuit du 3 au 4 septembre. La prétention de M. Thiers n'est pas moins inadmissible. Quand on a eu l'audace de déclarer hautement, comme il l'a fait dans la journée du 4, ses *préférences personnelles* pour la motion de M. Jules Favre, quand on a pris soin d'ailleurs d'en rédiger une traduction, atténuée dans la forme, équivalente au fond, on doit savoir, ou revendiquer fièrement sa part d'ouvrage, ou se frapper la poitrine.

Nous comprenons que le premier parti soit difficile, impossible même : mais le second reste.

Investi du pouvoir par une Chambre animée de bonnes intentions, mais assez dépourvue de sens politique pour avoir continué le 4 septembre en prononçant, à Bordeaux, la déchéance de l'Empereur, M. Thiers semble croire habile de prolonger une situation manifestement fausse, de flatter tour à tour républicains et royalistes, qu'il ne rudoie, les uns comme les autres, que par moments, et qu'il ne tarde pas à caresser de nouveau, réservant toute sa colère pour en accabler l'Empire, dont il fut toujours l'ennemi personnel.

Si M. Thiers était un homme d'Etat, il comprendrait que l'émeute ne sera pas vaincue, et que la France n'aura pas repris son rang européen, tant que le 4 septembre sera continué, et que le seul moyen d'interrompre le 4 septembre, qui dure encore, c'est de consulter loyalement la France.

Mais non ! en sa qualité de révolutionnaire, il redoute instinctivement la nation. Il est permis à M. Thiers de craindre la France, et la condamnation qu'elle pourrait bien prononcer contre lui. Ce rebelle, ce séditieux a raison de pressentir que la réponse du peuple interpellé pourrait fort bien ne pas ressembler au vote parlementaire qui escamota une fois de plus le droit du peuple. De là, ses industries, qui peuvent réussir à la Chambre, mais qui, tôt ou tard, échoueront devant la France elle-même, devant la France qui n'avait point chargé ses mandataires de continuer et de parfaire ce même attentat du 4 septembre dont l'Assemblée se croit assez pure pour condamner ses auteurs à se disculper devant elle.

Cette situation illogique, anormale, s'ordonnera si le gouvernement provisoire qui nous régit se résout à remettre loyalement la France en possession d'elle-même.

Dans le dessein d'éluder, s'il se peut, la gloire importune de l'Empire, M. Thiers proposait naguères de relever la colonne Vendôme, mais non pas telle que la Commune l'abattit. Il proposait un amendement bizarre, qui trahit assez bien le caractère de son esprit. La statue de Napoléon Ier devait être remplacée par la statue de la France, comme s'il était possible de raturer l'histoire, d'abroger la mémoire du peuple, et d'empêcher la France d'avoir été conduite à la victoire par quelqu'un, par un individu, par un homme vivant qui se nommait Napoléon, capitaine inséparable de son armée, et dont l'image, comme parle Tacite, éclaterait par son absence !

Si M. Thiers veut honorer la France, nous lui indiquons une meilleure voie. Plutôt que de lui dresser une statue qu'elle ne demande pas, car elle aime à resplendir dans la personne de ses héros, qu'il ose enfin lui tenir le seul langage commandé par la probité politique ! qu'il ose enfin l'interroger, dût-elle répondre en redemandant l'Empire !

Il se peut, j'en conviens, que telle soit sa réponse. La République, en France, est décidément une chimère, un idéal irréalisable, qui se traduit pratiquement par son contraire : par la destruction effrénée. La monarchie est nécessairement la forme nationale, et l'on pourrait dire, sans exagération, que monarchie est synonyme de France. Mais nous croyons devoir maintenir que la monarchie a deux expressions possibles, légitimes toutes les deux : la maison de Bourbon et l'Empire.

Mgr le comte de Chambord, dans une récente proclamation, d'ailleurs très-chrétiennement royale, et en laquelle revit toute la blancheur des fleurs de lys, a cru devoir parler de l'Empire en termes méprisants. Nous déplorons cette iniquité. L'Empire,

acclamé tant de fois par la France, n'est pas un *gouvernement
d'aventure :* ce fut un gouvernement régulier, légitime. On ne
peut le méconnaître sans offenser la France, et ce n'était pas
le dessein de ce magnifique Français qui se nomme Henri de
Bourbon.

Faut-il voir, dans ce langage violent, une sorte de reflet de la
passion orléaniste, et comme un gage donné à cette *fusion,* tant
de fois annoncée, toujours évanouie, mais qui ne serait l'union,
et par conséquent la force, que si la famille de Louis-Philippe, au
lieu de poser des conditions, d'affecter une égalité qui équivaut
encore à l'usurpation, rentrait purement et simplement dans le
devoir longtemps méconnu ?

Quoi qu'il en soit, nous refusons de souscrire à la condamnation
sommaire que Mgr le comte de Chambord a eu le tort grave de
prononcer contre un gouvernement légitime, contre un règne à qui
la gloire n'a pas manqué. Sous tous les régimes, et lors même que
demain Henri V régnerait, nous jugerions l'Empire comme nous
le jugeons présentement.

Nous concluons, comme nous l'avons fait dès le 10 février.
Nous disons que l'Empire, légalement, constitutionnellement, est
demeuré intact, et que la légalité n'est pas un faible mot quand ce
mot est synonyme de volonté nationale. Nous disons que l'Assemblée de Bordeaux, en s'arrogeant le droit de prononcer la déchéance, a commis une véritable usurpation de pouvoir dont il
lui sera demandé par l'histoire indignée un compte sévère, et que
la France seule, directement interpellée, peut *légitimement* fixer
les destinées de la France.

6 juillet 1871.

Le manifeste que Mgr le comte de Chambord vient de dater
de Chambord dissipe une illusion. Il faut bien le reconnaître, c'en est fait sans retour de ces compromis détestables qui me-
naçaient d'enlever à l'héritier de Saint Louis la force morale qu'il
veut, avant tout, réserver et maintenir.

Avec une fierté qui l'honore, et devant laquelle s'inclinera tout Français digne de ce nom, Mgr le comte de Chambord repousse le drapeau tricolore et garde sa bannière, l'étendard blanc fleurdelisé.

Ce refus est logique, nécessaire ; il était facile à prévoir. Présenté, et, nous pourrions dire, imposé par MM. d'Orléans, le drapeau tricolore est celui de l'émeute et de l'usurpation ; le petit-fils de Charles X ne peut l'accepter sans apostasie.

Toute autre est la signification du drapeau tricolore dans les mains de Napoléon III. Il perd le sens révolutionnaire, il ne rappelle ni l'émeute ni l'usurpation, il ne représente que la volonté et la souveraineté nationales.

Mgr le comte de Chambord vient de donner un grand exemple. Il a su faire entendre la blanche parole d'un roi. Ainsi doit s'exprimer l'admirable petit-fils des monarques très-chrétiens. L'histoire saluera ce grand acte, leçon souveraine donnée aux habiles et aux prudents, témoignage éclatant d'une âme forte qui dédaigne de régner autrement qu'à titre royal.

Le parti légitimiste s'était flatté d'un frivole espoir et avait commis plus qu'une faute. Dans la pensée d'une restauration qui ne doit pas s'accomplir par des moyens injustes, ce parti n'avait point dédaigné de pactiser avec l'émeute, et de consommer, à Bordeaux, par voie d'usurpation parlementaire, l'attentat du 4 septembre. Il peut reconnaître aujourd'hui où l'a mené cette connivence. Dupé par M. Thiers, réduit — sauf d'honorables exceptions, — à désavouer, sur la question du drapeau, son chef et son roi, le parti légitimiste ne sortira pas de l'impasse dans laquelle il s'est engagé. Il apparaît amoindri, faute d'avoir su comprendre la situation. Toute complicité avec le 4 septembre porte malheur.

10 juillet 1871.

Paris. — Imprimerie Balitout, Questroy et Cᵉ, rue Baillif, 7.